DIE REIHE
Archivbilder

CELLE

ALTE BILDER ERZÄHLEN

Gruss
aus
Celle

DIE REIHE

Archivbilder

CELLE

ALTE BILDER ERZÄHLEN

Justus Steinbömer

ALAN SUTTON

Sutton Verlag GmbH
Gustav-Adolf-Straße 3
99084 Erfurt

1. Auflage 1997

ISBN 3-89702-002-5

Druck: Bailey Print, Dursley, Gloustershire, England

Kaisertag in Celle, 17. Juni 1911.

Inhaltsverzeichnis

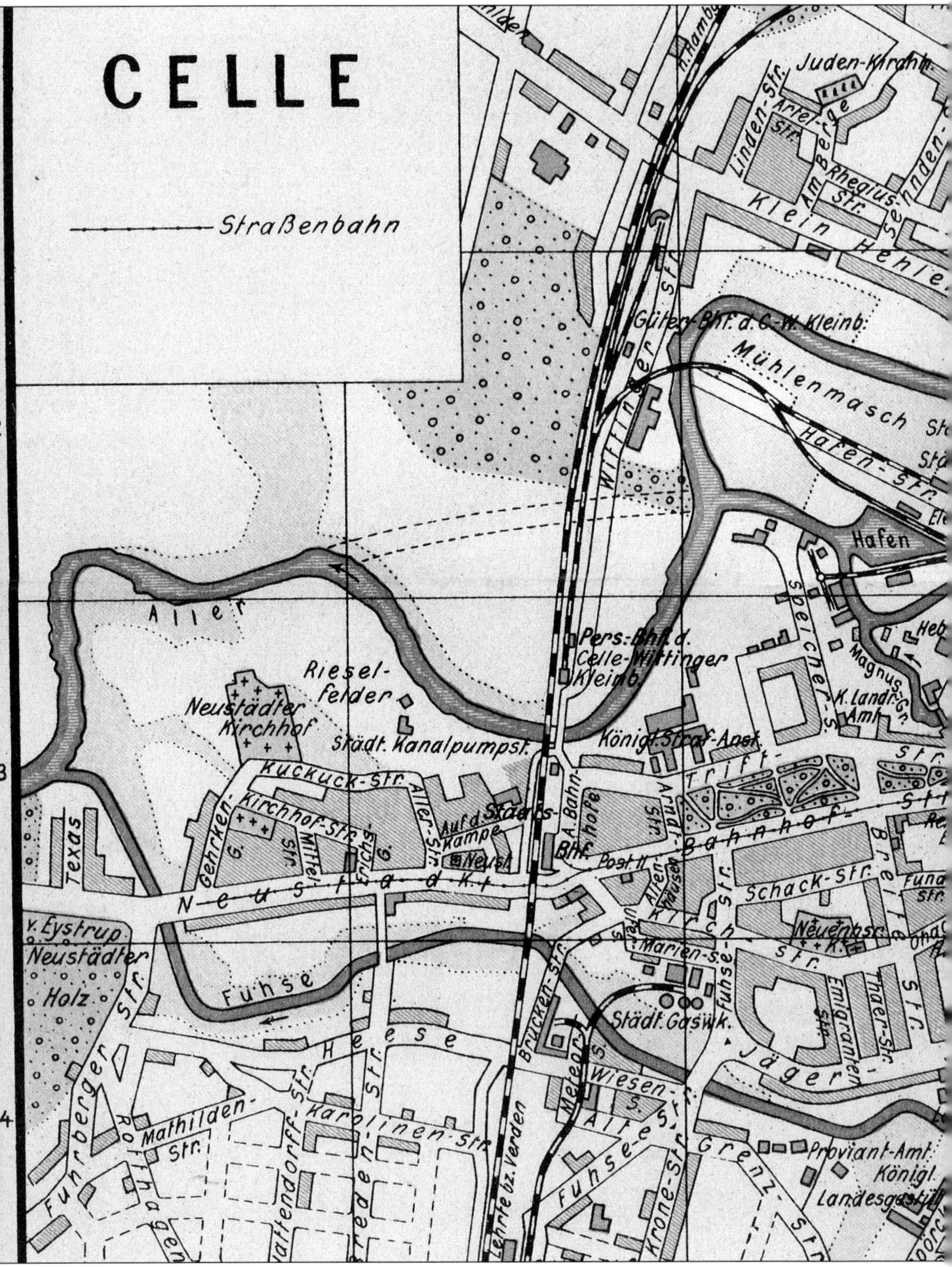

Stadtplan um 1910.

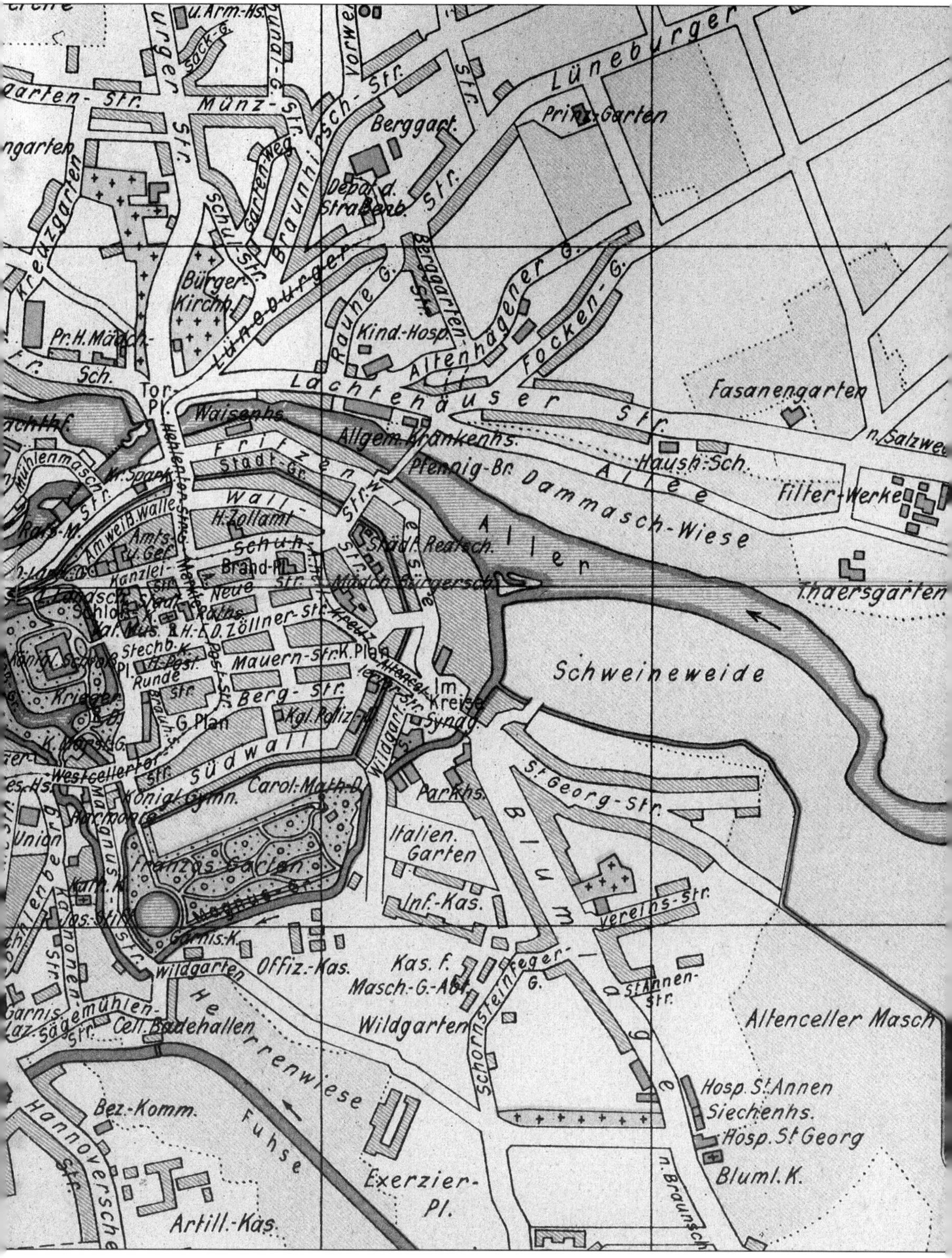

Lüneburger
Prinz-Garten
Münz-Str.
Berggart.
Depot d. Straßenb.
Schul-Str.
Gartenweg
Bürger-Kirchh.
Kreuzgarten
Pr. H. Mädch.-Sch.
Lüneburger Str.
Rauhe G.
Berggarten-Str.
Kind.-Hosp.
Altenhagener G.
Focken-G.
Tor-Pl.
Lachtehäuser Str.
Fasanengarten
Waisenhs.
Allgem. Krankenhs.
Pfennig-Br.
Dammasch-Wiese
Allee
Haush.-Sch.
Filter-Werke
Fritzenwiese
Stadt-Gr.
Wall-Str.
H. Zollamt
Schuh-Str.
Brand-Pl.
Städt. Realsch.
Aller
Thaersgarten
Neue Str.
Zöllner-Str.
Mauern-Str.
Berg-Str.
Schweineweide
Südwall
Kgl. Poliz.-D.
Synag.
St Georg-Str.
Parkhs.
Carol.-Math.-D.
Königl. Gymn.
Westcellertor-Str.
Italien. Garten
Französ. Garten
Inf.-Kas.
Vereins-Str.
Blumlage
Magnus-Str.
Kanonen-Str.
Sägemühlen-Str.
Cell. Badehallen
Wildgarten
Offiz.-Kas.
Kas. f. Masch.-G.-Abt.
Schornsteinfeger-G.
St Annen-Str.
Altenceller Masch
Herrenwiese
Fuhse
Bez.-Komm.
Hannoversche Str.
Exerzier-Pl.
Artill.-Kas.
Hosp. St. Annen
Siechenhs.
Hosp. St Georg
Bluml. K.
n. Braunsch.
n. Salzwe

Die älteste bekannte und datierte Celler Ansichtskarte mit Stempel vom 8. September 1889. Druck und Verlag dieser Lithographie lag in den Händen der Druckerei Binder.

Einleitung

Celle gehört zu den wenigen Städten, die den 2. Weltkrieg fast unversehrt überstanden haben. Wenn man heute durch die farbenfroh herausgeputzte Altstadt geht, stellt sich die Frage, wie das Leben in diesen Straßen wohl in früheren Zeiten ausgesehen hat.

Seit gut 100 Jahren kennen wir nun das Medium der Ansichtskarte. Es wurde in kürzester Zeit begeistert von allen aufgenommen, die Freunden und Bekannten etwas mitzuteilen hatten. In einer Zeit, in der nur die wenigsten Menschen über ein Telefon verfügten, gehörte die Ansichtskarte zu den schnellsten und preiswertesten Kommunikationsmitteln. Gleichzeitig konnte man durch ein Foto auf der Vorderseite dem Empfänger etwas über den augenblicklichen Aufenthaltsort mitteilen.

Leitgedanke bei der Auswahl der Karten für dieses Buch war es, Celle jenseits der Hauptattraktionen zu zeigen. Der Leser wird somit eingeladen, seine eigene Entdeckungsreise durch diese historischen Aufnahmen zu unternehmen. Dabei werden sich häufig Dinge erkennen lassen, die dem Fotografen vielleicht eher nebensächlich erschienen sind. Gerade diese Details sind es aber, die rückwirkend eine genaue Datierung möglich machen. Die Straßenbahn z.B., die zwischen 1907 und 1956 das Stadtbild mitprägte, taucht auf vielen Ansichtskarten auf.

Aus einer in ca. 20 Jahren aufgebauten Sammlung von über 5.000 Karten mit Celler Motiven sind hier ca. 220 besonders charakteristische Aufnahmen ausgewählt worden. Ein großer Teil der Aufnahmen ist bisher unveröffentlicht. Auf die zur Genüge bekannten und vielfach publizierten Motive wurde weitgehend verzichtet. Der Verfasser ist sich dabei durchaus bewußt, daß dies nur eine subjektive Auswahl darstellen kann.

Das Buch ist in sieben Kapitel gegliedert. Nach mehreren Luftaufnahmen schließt sich ein ausführlicher Spaziergang durch die Altstadt an. Die Karten mit Aufnahmen der Altstadt sind nicht alphabetisch nach Straßen, sondern anhand eines gedanklichen Rundganges zusammengestellt worden. Auch für den Nicht-Celler ist es leicht, sich daran zu orientieren.

Auf diesen Rundgang folgen einige Karten mit militärischen Motiven. Diese Aufnahmen sind ausgewählt worden, da sich an ihnen besonders gut die Atmosphäre in der Garnisonsstadt Celle vor dem 1. Weltkrieg nachvollziehen läßt.

Ein weiteres Kapitel soll dem Gebiet zwischen Altstadt und Neustädter Holz gewidmet sein. Von zentraler Bedeutung war hier der Bereich des Hauptbahnhofes. Für die meisten Besucher war er der Ausgangspunkt für ihre Heidewanderungen.

Auch dem Leben an Ober- und Unteraller wird ein Kapitel gewidmet.

Daran schließt sich eine kleine Auswahl der wichtigsten bzw. heute noch bekannten Celler Unternehmen und Gasthäuser an.

Den Abschluß bildet ein kleiner Rundgang durch die Celler Vororte, der sich im wesentlichen auf die vielen Ausflugsgaststätten beschränken muß.

Der Verfasser dankt insbesondere Herrn Egon Enghausen für die kritische Durchsicht der Bildkommentare und manch weiterführenden Hinweis.

Justus Steinbömer

Herausgeber dieser Farblithographie von 1897 war das heute noch existierende Uhrengeschäft von C.A.W. Schnell.

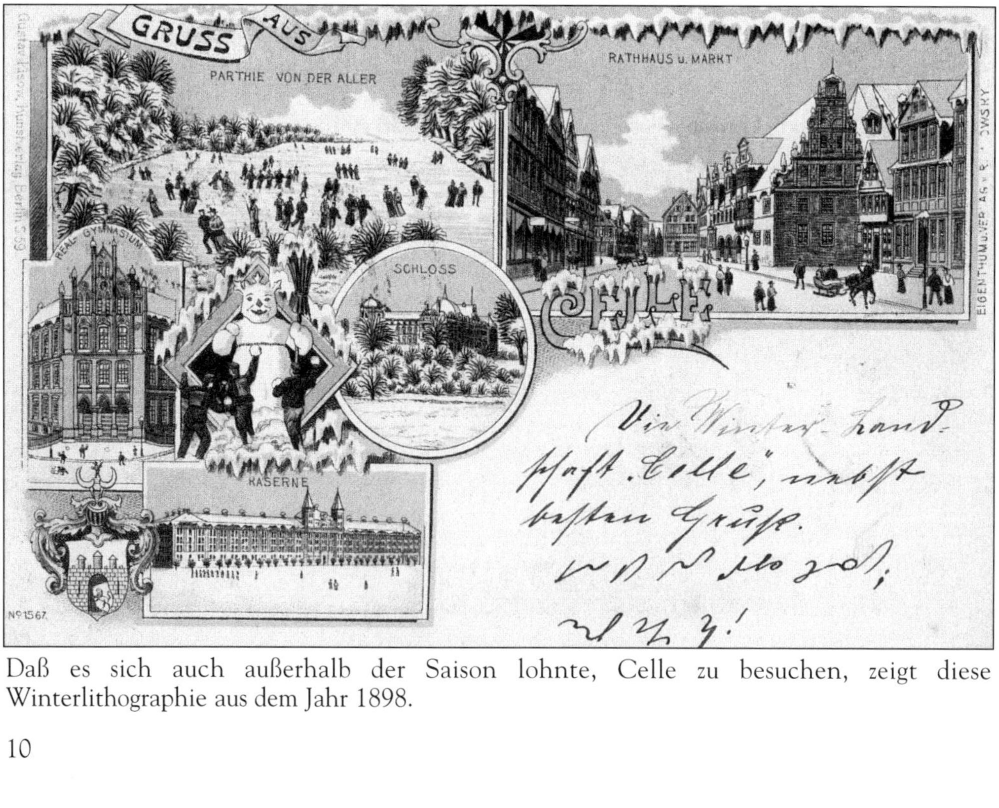

Daß es sich auch außerhalb der Saison lohnte, Celle zu besuchen, zeigt diese Winterlithographie aus dem Jahr 1898.

I

Celle aus der Luft gesehen

In den frühen Tagen der Luftfahrt unternahm man sogenannte Rundflüge, von denen einer im Jahre 1911 auch nach Celle führte. Hier ein Blick vom neu errichteten Turm der Neustädter Kirche über den Bahnhof hinweg Richtung Altstadt.

Blick über den Französischen Garten auf die Häuser des Südwalls um 1907. Die Stadtkirche hat noch nicht ihren markanten Turm!

Blick Richtung Norden auf das Gebiet des alten Italienischen Gartens. Hierbei handelte es sich früher um den Obst- und Gemüsegarten der herzoglichen Hofhaltung. Dahinter fallen die Gebäude der Wehlschen Lederfabrik auf.

Bei dieser Fliegeraufnahme Richtung Süden um 1928 ist die Häuserreihe der Fritzenwiese im Vordergrund besonders gut zu erkennen.

Aufnahme Richtung Westen von der Altstadt im Jahr 1926. Zeichen für die industrielle Entwicklung Celles sind die vielen Schornsteine im Stadtbild.

Luftaufnahme Richtung Norden von Schloß und Altstadt um 1956. Am Thaerplatz im Vordergrund sind noch die Gleise der Straßenbahn zu erkennen.

Diese Aufnahme Richtung Osten im Jahr 1966 zeigt deutlich, wie die Altstadt von der Aller im Norden begrenzt wird. Im Vordergrund die Reste der „NAAFI“, dem Versorgungswerk der britischen Streitkräfte, im Hintergrund das Hehlentorgebiet.

Auf dem Luftbild Richtung Südwesten aus dem Jahr 1963 erkennt man deutlich die Einmündung des Magnusgrabens in die Aller. Im Vordergrund die mit dem „Festland“ verbundene Ziegeninsel, dem alten Weideplatz der Blumlage.

Das 1928 eröffnete erste Karstadt-Gebäude wirkte wie ein die Altstadt beherrschender Fremdkörper. Die links davon liegenden Gebäude mußten 1965 dem Neubau des zweiten Karstadt-Hauses weichen.

Der Bereich des heutigen Bullenbergs (bis 1945 Bohlenberg) wird schon um 1930 vom Josef-Stift und den verschiedenen Schulen geprägt. Im Hintergrund rechts die Flußbadeanstalt an der Fuhse. Das Flußbett ist in den siebziger Jahren etwas nach Süden hin verlegt worden.

Das Heesegebiet im Jahr 1962. Im Vordergrund der alte Bahnübergang zwischen Waldweg und Kortenumstraße. Dahinter das Neustädter Holz.

II
Kreuz und quer durch die Altstadt

Die Westcellertorstraße Anfang der dreißiger Jahre mit dem Speiseeiswagen von Talamini, der vielen noch bekannt sein dürfte.

Das Schloß um 1910 aus ungewohnter Perspektive: Magnusgraben und Reste der Stadtbefestigung im Vordergrund, rechts „Wahlfelds Gesellschaftshaus“.

Schon um 1910 prägte das markante „Trüllerhaus“ die Ecke Westcellertorstraße/Schloßplatz. Das Haus zählt zu den frühen Bauten des bekannten Celler Architekten Otto Haesler.

So präsentierte sich die Westcellertorstraße Richtung Großer Plan im Jahr 1905. Das Eckhaus vorne rechts mußte Anfang der fünfziger Jahre dem Bau des Geschäftshauses von Dettmer & Müller weichen.

Ebenfalls um 1905 ein Blick in die Westcellertorstraße Richtung Thaerplatz. Im großen Gebäude rechts befand sich bis in die sechziger Jahre hinein das „Café Kalmbach“.

Schüler des Gymnasiums trafen sich um 1900 in den Schulpausen am Südwall. Heute befindet sich in diesem Gebäude die Stadtbibliothek

Das Sängerfest des Norddeutschen Sängerbundes galt 1905 als das gesellschaftliche Ereignis des Jahres, zu dem auch viele Häuser der Stadt festlich geschmückt worden waren.

In der Zeit vor dem 1. Weltkrieg gehörte das Militär vom 77er oder 46er Regiment zum gewohnten Stadtbild.

Eine sonntägliche Promenade der Celler Gesellschaft um die Jahrhundertwende am Schloßplatz. Anlaß waren die mittäglichen Sonntagskonzerte des 77er Regimentes.

Den Neubau des Museums, erbaut 1903 bis 1906, krönte anfangs noch ein Turm. In den zwanziger Jahren mußte er allerdings aus bautechnischen Gründen bis auf einen Stumpf abgetragen werden. Der Architekt hatte die Aufgabe, alle in Celle anzutreffenden Stilepochen in diesem Gebäude zu vereinigen.

Das Gebäude der Ritterschaft in den fünziger Jahren. Im rechten Haus befindet sich heute die Hypo-Bank. Der Pipenposten steht jetzt vor dem Hoppener-Haus.

Das im Jahr 1840 im Stil der Florentiner Frührenaissance errichtete Oberlandesgericht in einer Aufnahme um 1900.

Die Kanzleistraße um 1910. Links ist das Amtsgericht zu sehen. An dieser Stelle befand sich ehemals die herzogliche Kanzlei.

Die vier Fachwerkhäuser Kanzleistraße 2-5 gehören zu den wenigen Gebäuden, die in der Zwischenkriegszeit abgerissen wurden. Sie mußten 1927 einem Erweiterungsbau des Amtsgerichtes weichen.

Die gleiche Ansicht wie auf obigem Foto aus den dreißiger Jahren. Der Neubau orientierte sich architektonisch am Stil des Hauptgebäudes.

Mit klingendem Spiel zogen die Soldaten vor dem 1. Weltkrieg vom Übungsplatz in Scheuen durch die Hehlentorstraße zurück zur Kaserne am Wildgarten. Im Modehaus Dreyer befand sich nach 1945 das Grothaus und bis in die achziger Jahre das Allerkaufhaus.

Im Jahre 1910 stellten sich die Verkäuferinnen stolz vor dem „Putz- und Weißwaren, Wäsche, Kurz- und Wollwaren"- Geschäft von Georg Frohms in der Hehlentorstraße 8 auf.

Die erste mechanische Verkehrsregelung in Celle geschah in den fünfziger Jahren durch eine Zeigerampel (Heuerampel). Sie hing an der Ecke Hehlentorstraße/Schuhstraße.

Das heutige Gebäude der Deutschen Bank wurde 1906 zunächst als Filiale der Hannoverschen Bank errichtet. Es mußte laut Bauordnung in der kirchturmlosen Stadt Celle als Eckhaus einen Turm aufweisen.

Die Celler Straßenbahn Nr. 2 um 1920 in der Schuhstraße auf der Fahrt von der Neustädter Brücke zur Blumlage. In dieser Zeit wurden pro Tag knapp 1900 Fahrgäste gezählt.

Wie schon in den zwanziger Jahren befindet sich auch heute in den Häusern Schuhstraße 50 und 51 eine Bäckerei.

Bei der zunehmenden Motorisierung war schon in den zwanziger Jahren der Parkraum in der Innenstadt nicht mehr ausreichend. Aus diesem Grund entstanden die „Zentralgaragen Celle“ auf dem Hinterhof des Hauses Schuhstraße 9. Das Aussehen dieser Anlage ist bis heute fast unverändert geblieben.

Hinterer Teil der Schuhstraße um 1935. Die zum Teil noch in unserer Zeit Schatten spendenden Bäume am Brandplatz waren gerade gepflanzt worden.

Bis zu ihrem Abriß Anfang der achziger Jahre dominierte die links im Vordergrund zu erkennende Realschule die Straße Am Heiligen Kreuz. Die Fenster des Celler Schlosses waren Vorbild beim Bau der Schule. Ansonsten hat der größte Teil der Häuser die Zeit seit 1905 unbeschadet überstanden.

Straßenbahnverkehr Am Heiligen Kreuz um 1910. Bei einem Teil der Häuser ist bereits das Fachwerk farblich sichtbar gemacht worden. Der frühere steingraue Anstrich sollte einen Massivbau vortäuschen.

Ganzer Stolz der 1907 gegründeten ersten Celler Speiseeisfabrik von Alessandro Talamini waren 1935 seine Verkaufswagen, die im Sommer allerorten im Stadtbild anzutreffen waren.

Talamini gehörte zu den ersten Italienern, die nach Deutschland gekommen waren, um hier Speiseeis herzustellen. Im Gebäude am Nordwall wurde anfänglich auch Mineralwasser abgefüllt. Im Obergeschoß überwinterten die Verkaufswagen, die dorthin mit einer Seilwinde hochgezogen wurden.

Der Brandplatz mit den Kammer-Lichtspielen nach dem Umbau um 1935.

Prinzen-, Piltzer- und Rabengasse erhielten ihren heutigen Namen erst Ende der dreißiger Jahre. Vorher wurden diese Verbindungsstraßen zwischen Brandplatz und Bergstraße sehr prosaisch als 1., 2. und 3. Querstraße bezeichnet. Ein Bild wie das der spielenden Kinder in der Rabengasse um 1910 wirkt wie ein Gruß aus fernen Zeiten.

Die Neue Straße in den fünfziger Jahren. Zu dieser Zeit wurde noch ein Teil des Wochenmarktes dort abgehalten.

Die Neue Straße mit der „Roßschlachterei und Speisewirtschaft Abel" in den zwanziger Jahren. Bei „Beinbrüchen und sonstigen Unglücksfällen" versprachen Anzeigen des Schlachters „schnellste Erledigung".

Markttreiben im Jahre 1905. Im Hintergrund ist die Baulücke für die neu zu errichtende Hannoversche Bank zu erkennen.

Der Markt im Jahre 1906. Noch ist die Celler Straßenbahn nur in der Planung vorhanden, und die Pferdebahn erledigt den Personenverkehr.

Markttreiben um 1910. Die neu errichtete Straßenbahn war nun bestimmendes Verkehrselement in der Stadt.

Das Eckhaus an der Stadtkirche/Markt ist heute im Besitz der Stadt und beherbergt einen Teil der Verwaltung. Ein Geschäft befindet sich nicht mehr darin. Ein ganzes Schaufenster war damals für Ansichts-Postkarten reserviert.

An der Stadtkirche in den dreißiger Jahren. Bis auf den mittlerweile abgerissenen Balkon hat sich in dieser Straße bis in unsere heutige Zeit hinein nichts geändert.

Die Kalandgasse um 1930. Schon damals konnte man im Eckhaus Kanzleistraße Fahrräder kaufen.

Die turmlose Stadtkirche um 1908. Der Dachreiter wurde nach Erbauung des Turmes an das östliche Ende des Kirchendaches umgesetzt.

Blick durch den Schloßpark auf den Bau des Stadtkirchturmes im Jahre 1913.

Der bedeutendste Bau in Celle vor dem 1. Weltkrieg war von 1913-1914 die Errichtung des Turmes der Stadtkirche. Damit war der seit dem Mittelalter bestehende turmlose Zustand der Stadt beendet. Am 10. Februar 1914 wurde per Flaschenzug in der Zeit von 7.30 Uhr bis 12.00 Uhr die vierte Glocke hochgezogen.

Der Schäferbrunnen des Bildhauers Frydag schmückte seit 1912 den Marktplatz und mußte 1927 dem stark wachsenden Verkehr in die Triftanlagen weichen. Die wohl im 2. Weltkrieg verlorengegangene Figur wurde 1955 durch einen Schäfer aus Stein ersetzt.

Die Stechbahn um 1903 mit Pipenposten und turmloser Stadtkirche. Der Eingang zum Ratskeller befindet sich noch an der Stirnseite des Rathauses.

Auch auf der Stechbahn fand eine Zeitlang der Markt statt. Neben den heute noch üblichen Wochenmärkten gab es noch nach dem 1. Weltkrieg auch Vieh- und Honigmärkte.

Autoverkehr auf der Stechbahn um 1940. Zu dieser Zeit war das Automobilhaus Maussner mit eigener Tankstelle wichtiges Ziel für Autofahrer in der Innenstadt.

Die Stechbahn in den fünfziger Jahren. Die Kraftwagen weisen noch die alten Zonen-Nummernschilder auf.

Das Denkmal von Herzog Ernst dem Bekenner wurde 1904 vom hannoverschen Gustav-Adolf-Verein vor der Stadtkirche aufgestellt. 1917 wurde es, ebenso wie das Germania-Kriegerdenkmal im Schloßpark, für Kriegszwecke eingeschmolzen.

Die Stechbahn um 1905. Das historische Fachwerk ist schon bei einigen Häusern durch den Anstrich hervorgehoben.

Stechbahn und Zöllnerstraße mit zeittypischem Verkehr um 1955.

Das imposante Eckhaus von Goedecke & Mittelmann wurde 1911 neu errichtet. Der Nachfolgebau beherbergte ab 1960 die Verkaufsräume des Kaufhauses Kepa. Seit 1980 befindet sich hier das Karstadt-Hobbyhaus.

Die Zöllnerstraße in den fünfziger Jahren. Im Hintergrund die „Realschule am Heiligen Kreuz".

Der hintere Teil der Zöllnerstraße um 1900. Das Haus Nr. 19, heute „Ratzeputz", war die alte Brauerei von August Schilling. Zu seinen Spezialitäten gehörten Celler Pilsener und Celler Exportbier nach Münchner Art.

Der mittlere Teil der Zöllnerstraße um 1940. Im Vordergrund das Pferdefuhrwerk des Celler Kohlenhändlers Anton Bode aus dem Sankt-Georg-Garten.

Den Abschluß der Zöllnerstraße bildete die „Bürgerschule". Der Knick im Gebäude nahm sehr wirkungsvoll die leichte Kurve auf, die die Straße Am Heiligen Kreuz an dieser Stelle macht. Aufnahme um 1903.

Die Ecke Mauernstraße/Kleiner Plan mit der Verkaufsstelle der Ratsmühle um 1901.

Der mittlere Teil der Mauernstraße um 1925. Das rechts gelegene große Tor führte zum Packhof der Firma Wendlandt und Zucker.

Im Eckgebäude Mauernstraße/Piltzergasse befand sich für viele Jahrzehnte die Schlachterei Bornemann. Heute ist an dieser Stelle ein Optikergeschäft.

Zu vielen Anlässen wurden von der Celler Bevölkerung gern die Häuser geschmückt, wie hier in der Piltzergasse 2 und 3 im Jahre 1910 anläßlich eines Feuerwehrfestes. Heute befinden sich an der Stelle der Schuhmachereien Warner und Stauck ein Bekleidungs- und ein Fotogeschäft.

Die Mauernstraße in den Wirtschaftswunderjahren, als der VW-Käfer das meist verkaufte Fahrzeug in Deutschland war.

Fachwerkhäuser in der Rundestraße um 1935.

Blick vom Großen Plan in die Brauhausstraße um 1925. Im Haus Nr. 15 konnte man bei Ida Knoop Korsetts erwerben. Im Hintergrund sind die Häuser der Stechbahn zu erkennen.

Straßenleben am Großen Plan um 1957. Die Verkehrsführung hat sich zur heutigen Zeit um 180 Grad gedreht und läuft von der Bergstraße her über den Platz in die Brauhausstraße. Der Pipenposten ist bei der Neugestaltung des Großen Plans Ende der achziger Jahre leicht versetzt worden.

Eine Aufnahme vom Haus Großer Plan 24 aus den Kindertagen des Automobilverkehrs in Celle. Damals konnte man neben Autos vor allem Fahrräder und Nähmaschinen bei Carl Meyer erwerben.

Der Pipenposten am Großen Plan in den dreißiger Jahren in seiner ursprünglichen Funktion. Im Hintergrund die Shell-Zapfsäule der Automobil-Centrale Meyer.

In den dreißiger Jahren befand sich am Pipenposten eine Straßenbahn- und Autobushaltestelle.

Verschiedene Fahrzeuge auf dem Großen Plan um 1910. Rechts vorne eine ausgespannte Kutsche vor der Ausspannwirtschaft Schaper.

Der Wagen Nr. 9 der Linie 2 auf der Fahrt zur Blumlage vor der Kreissparkasse am Großen Plan im Jahr 1949.

Die Ecke Großer Plan/Poststraße im Jahre 1907. Ackerwagen mit Pferdegespannen gehörten in dieser Zeit noch zum gewohnten Stadtbild. Links im Bild das Kaufhaus von Isidor Meyer. In den dreißiger Jahren befand sich hierin das Möbelverkaufshaus der Firma Karstadt.

Die Poststraße mit Straßenbahn um 1910. Links im Hintergrund das „Hotel Hannover“. Heute steht anstelle der linken Häuserreihe hier das Karstadt-Gebäude.

Die an sich für das Altstadtbild völlig untypischen Ziegelgebäude aus der Gründerzeit in der Bergstraße beherbergten viele Jahre lang die Polizeidirektion und das Gasthaus „Deutscher Hof". An dieser Stelle stehen heute zur Firma Karstadt gehörende Häuser im imitierten Fachwerkstil.

Der hintere Teil der Bergstraße um 1910. Anstelle der kleinen Häuser auf der rechten Seite befinden sich heute Verkaufspavillons in einfacher Bauweise.

Der Kleine Plan um 1908. Bis auf das Straßenpflaster hat sich auf diesem Platz kaum etwas geändert.

Der noch vielen gut bekannte Dienstmann Otto Kempe mit seinem Pferdefuhrwerk vor dem „Blauen Engel“ am Kleinen Plan Ende der sechziger Jahre.

Auch für Ortskundige ist nur schwer zu erkennen, daß es sich um zwei Häuser am Kleinen Plan handelt. Im linken Gebäude ist heute das Schützenmuseum und im rechten eine Gaststätte. Im Hintergrund ist die bekannte Gaststätte „Walhalle“ zu erahnen.

Das neue Gerätehaus der Freiwilligen Feuerwehr am Ende der Bergstraße um 1935.

Von den Gebäuden des Platzes Im Kreise steht nur noch die linke Häuserzeile, in der sich unter anderem die Synagoge befindet. Im Hintergrund dieser Aufnahme um 1903 ragt über die Häuser der Schlauchturm des alten Feuerwehrgerätehauses empor. Der Durchbruch zur Bergstraße an der Stelle der Wagenfabrik Prahler erfolgte 1929.

Der Platz Im Kreise in Blickrichtung der Blumlage um 1910. Von hier gab es eine durchgehende Straßenbahnverbindung zum Neustädter Holz. Links der Eingang zur Fritzenwiese.

Die Blumlage um 1900. Sie war eine der ersten Ansiedlungen außerhalb der Stadtbefestigungen und bildete bis 1869 eine eigene Gemeinde.

Die Blumläger Jugend, teils mit bloßen Füßen, am Eingang Blumlage/St.-Georg-Straße um 1915.

Noch bis zu ihrer Einstellung am 14. Februar 1954 befuhren die Straßenbahnen der Linie 2 im 15-Minuten-Takt die Strecke vom Markt bis zur Blumläger Kirche.

Der Italienische Garten wurde mit Miethäusern im Bauhaus-Stil nach Plänen des Architekten Otto Haesler in den Jahren 1924-1928 bebaut. Das Gelände war ursprünglich 1685/86 auf herzoglichen Befehl durch den Italiener Gasparo Ferro als Nutzgarten angelegt worden.

III
Garnisonsstadt Celle

Auf einer Farblithographie aus dem Jahre 1899 sind die wichtigsten Militärgebäude der Stadt zusammengestellt. „Vater Philipp“ war das Arrestgebäude der Garnison.

Auf dem Gelände des ehemaligen herzoglichen Wildgartens wurde 1869 bis 1871 eine der größten Kasernen Deutschlands gebaut. Die Vereidigung fand auf dem Exerzierplatz vor dem 180 m langen Gebäude des 77er Regiments statt.

In der „neuen“ Infanteriekaserne aus dem 1. Weltkrieg befindet sich seit 1996 das Sozialamt der Stadt Celle.

Die an der Strecke nach Burg gelegene gleichnamige Kaserne, hier in einer Aufnahme um 1920, wurde Ende des letzten Jahrhunderts erbaut. 1935 wurde sie wegen Baufälligkeit von der Freiwilligen Feuerwehr zu Übungszwecken abgebrannt.

In dem 1878 errichteten Garnisonslazarett befindet sich seit 1932 das Finanzamt der Stadt Celle. Über dem Gelände des Gartens verläuft heute die 1935 angelegte Sägemühlenstraße.

Die Artilleriekaserne an der Hannoverschen Straße ist die älteste Kaserne im Stadtgebiet. Sie diente vor dem 1. Weltkrieg dem 46er Regiment als Standort. Heute ist hier unter anderem das Jugendzentrum der Stadt Celle angesiedelt.

Als malerisches Motiv für Erinnerungsfotos diente lange Jahre die alte Kanone der Artilleriekaserne. Diese Aufnahme datiert aus dem Jahre 1908.

Das Offizierskasino, 1876 im spätklassizistischen Stil erbaut, beherbergt seit einigen Jahren ein Restaurant mit Biergarten. Aufnahme um 1900.

Zu besonderen Gelegenheiten, wie hier um 1910, zeigte sich auch einmal die Artillerie mit Pferd und Wagen am Großen Plan.

Der Besuch des Kaisers war *das* gesellschaftliche Ereignis in Celle 1908. Hier werden gerade die Fronten der verschiedenen Vereine auf der Stechbahn abgeschritten.

Dieser Aufenthalt galt in erster Linie dem Vaterländischen Museum, heute Bomann-Museum, dem er einen Besuch abstattete. Dabei spendete er für die Ehrenhalle des Museums ein Wandgemälde, das das Gefecht an der Göhrde vom 16. September 1813 darstellt.

Ein weiteres Mal besuchte Wilhelm II. am 17. Juni 1911 die Stadt, um das Schloß und das von ihm gestiftete Gemälde im Museum zu besichtigen.

Gleich zu Beginn des 1. Weltkrieges gab es, wie in vielen anderen Städten, auch in Celle patriotische Ansichtskarten mit dem von ihm 1914 gestifteten Eisernen Kreuz.

Schon vor dem 1. Weltkrieg verstanden es die Gäste der Stadt, hier gut zu leben. An der Stelle des Kriegerdenkmals mit einer Germania-Figur aus dem Jahr 1898 befindet sich seit 1958 das Denkmal für Albrecht Thaer.

IV

Zwischen Thaerplatz und Texas

Straßenbahnverkehr am Thaerplatz um 1915. Auf dieses moderne Verkehrsmittel waren die Celler seit seiner Einführung 1907 sehr stolz.

Der Thaerplatz zur Zeit der Gaslaternen um 1905. Ähnliche Replikate sind heute wieder im Celler Stadtbild zu finden.

Verschiedene Transportmittel am Thaerplatz um 1910. Die letzten Bäume der schönen Allee mußten in den fünfziger Jahren dem stetig wachsenden Verkehr weichen.

Der Thaerplatz mit den Gebäuden der *Celleschen Zeitung* um 1953. Seit 1934 befindet sich die CZ an dieser Stelle.

Die Bahnhofstraße mit einer Hotelkutsche im Jahre 1908. Am linken Bildrand ist das Thaer-Denkmal und die alte Einmündung der Mühlenstraße zu erkennen.

Breite Straße/Ecke Kirchstraße um 1910.

Die Kirchstraße, Aufnahme um 1907, ist eine der ältesten Straßen im Stadtteil Neuenhäusen. Links das alte Pastorenhaus, rechts die Gärtnerei Augustin, deren Gärten bis zur Jägerstraße reichten.

Blick von der Schwedenbrücke zum Landgestüt um 1902. Rechts die Wollgarnfabrik von Wilhelm Bomann. Im Vordergrund ein Ponton, von dem aus das Garn in der Fuhse gewaschen wurde.

Die Bahnhofstraße Richtung Innenstadt, gesehen um 1915. Im Eckhaus Fuhsestraße wohnte der Kommandeur des 77er Regimentes, dem ein Wachhaus zustand.

Bahnhofstraße/Ecke Arndtstraße um 1910. Anstelle der links erkennbaren Gebäude befindet sich heute der Parkplatz der Sparkasse.

Die Häuserzeile der Trift im mittleren Teil hat sich seit der Zeit um 1910 fast unverändert erhalten. Die Gebäude gehören heute zur Kreisverwaltung.

Die Gebäude des Landkreises um 1940. Das Eckgebäude zur Speicherstraße diente bis in die achziger Jahre hinein dem Landrat als Wohnung.

Die Speicherstraße im Jahr 1907. Der Name leitet sich von den früher an der Aller gelegenen Lagerspeichern ab.

Die Strafanstalt ist 1732 als „Zucht- und Irrenhaus“ im Grundriß einer französischen Schloßanlage errichtet worden. Aus diesem Grund ist sie von Reisenden, die erstmals Celle besuchten, oft für das eigentliche Schloß gehalten worden

Der vordere Teil der Trift/Ecke Arndtstraße hat seit der Zeit dieser Aufnahme von 1907 kaum sein Aussehen verändert.

In der Ausspannwirtschaft von Louise Rinkel befindet sich heute die Gaststätte „Zum groben Otto“.

Hinterer Teil der Bahnhofstraße im Jahr 1909. Einige der Häuser auf der rechten Seite wurden beim Bombenangriff am 8. April 1945 zerstört.

Direkt beim Bahnhof wurde der Reisende im Hotel gleichen Namens erwartet. Als besondere Attraktion um 1910 galten das „elektrisch Licht“ und die „Central-Heizung“, weshalb das Hotel zu den modernsten Häusern in Celle zählte.

Vor dem Bahnhof wurden die Reisenden von den verschiedenen Droschken der besseren Hotels erwartet. Der Preis für jede Fahrt betrug 50 Pfennig, die Straßenbahn hingegen brachte den Gast für 10 Pfennig in die Innenstadt.

Der Bahnhofsplatz Anfang der fünfziger Jahre mit vorbeieilender Straßenbahn und verschiedenen Eiswagen.

Eisenbahnverkehr um 1910. Das alte Bahnhofsgebäude stammte aus dem Jahr 1845, als Celle mit der Strecke über Lehrte nach Hannover Anschluß an das Eisenbahnnetz erhielt.

Das alte Bahnhofsgebäude um 1910. Das Schild „Anfahrt verboten“ deutet darauf hin, daß es auch für Kutschen einen regulierten Kreisverkehr gab.

Der neue Hauptbahnhof kurz nach seiner Erbauung um 1923. Das Gebäude wurde größtenteils auf dem Gelände vor dem alten Bahnhof errichtet.

Über eine Fußgängerbrücke konnte man den Kleinbahnhof auf der anderen Seite der Aller erreichen. Er wurde bei Anlage der Strecke Celle-Wittingen im Jahr 1904 fertiggestellt. Das Gebäude dient heute als Verwaltungsgebäude der Osthannoverschen Eisenbahnen AG (OHE).

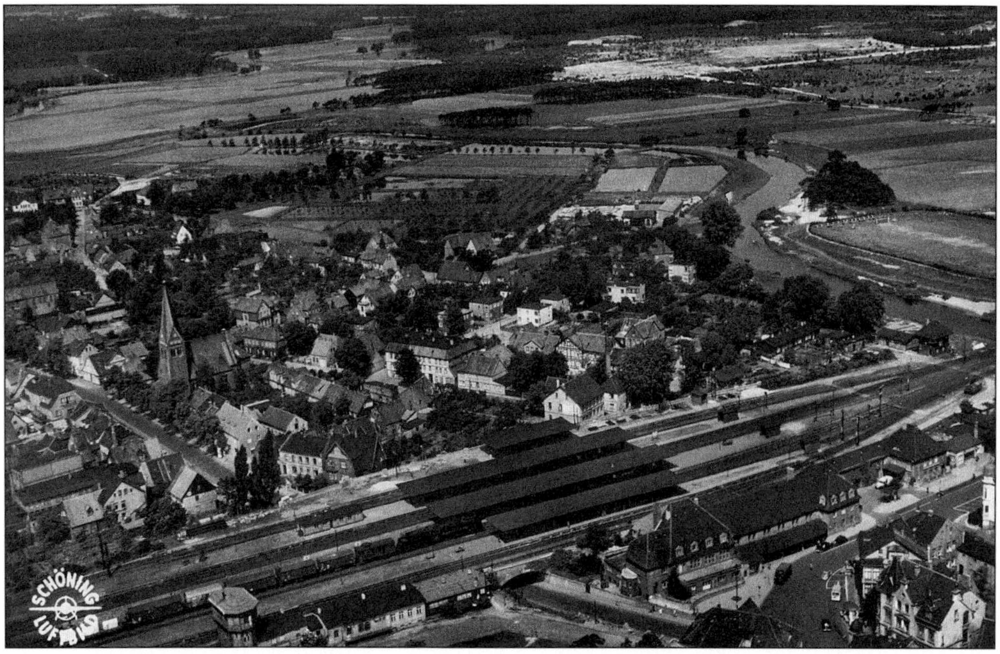

Die Bahnhofsanlagen und die Neustadt Mitte der sechziger Jahre. Am rechten Bildrand ist die Aller zu erkennen, im Hintergrund die Anlagen des alten Klärwerks.

Die Neustadt um 1910 vom Bahnhof aus gesehen. Im Hintergrund die 1909 von Otto Haesler erbaute Neustädter Kirche.

Umzug der Neustädter Schützen um 1910 am Beginn der Neustadt. Der Mode entsprechend trugen die Damen lang, die Herren Hut und die Knaben einen Matrosenanzug.

Die Neustädter Schule mit altem Eingang, noch vor Anlage der Bredenstraße um 1908.

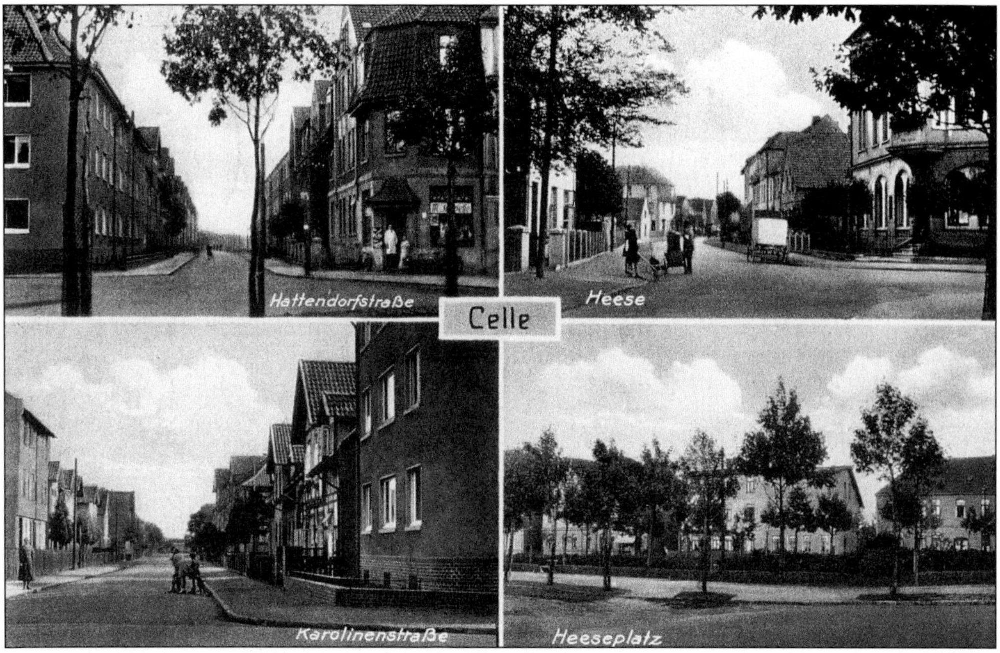

Vier Straßenzüge im Heesegebiet in den dreißiger Jahren.

Eine Aufnahme um 1910 der Straße „Texas" am Neustädter Holz.

Vier Wagen der Linie 2 am Neustädter Holz im Jahr 1951. Da die Allerbrücke noch nicht wieder befahrbar war, befand sich hier der provisorische Abstellplatz der Celler Straßenbahn.

V
Rechts und links der Aller

Das Strandbad Schwalbenberg an der Lachtemündung war für die Celler in den zwanziger Jahren ein beliebter Treffpunkt.

Faltboote auf der Aller zu Beginn der zwanziger Jahre. Im Hintergrund das Motorschiff von Fischermeister Nölke.

Schon zu Kaisers Zeiten konnte man sich bei der Bootsstation Hennings Ruderboote mit klangvollen Namen wie „Lili“ und „Ella“ ausleihen.

Die Lüneburger Straße um 1910, mit dem Eingang zum Berggarten auf der linken Seite.

Die Villenbauten der Berggartenstraße entstanden um 1910 nach Plänen von Otto Haesler.

In den dreißiger Jahren entstanden im Hehlentorgebiet mehrere Straßenzüge mit Einfamilienhäusern.

Die privat unterhaltene Pfennigbrücke führte seit 1900 von der Gaststätte „Blühende Schiffahrt“ zum Hehlentorgebiet. An ihr wurde der berühmte Pfennig für die Überquerung kassiert.

Blick auf die Altstadt über die Aller hinweg. Die alte Pontonbrücke wurde bei Frühjahrshochwasser oft zerstört und 1952 durch eine öffentliche Betonbrücke ersetzt.

Das Gebäude der Kreissparkasse um 1910. Die Mühlenstraße verlief damals entlang der heutigen Rückseite des Hauses.

Der mittlere Teil der Mühlenstraße mit der Landes-Hebammenanstalt an der linken Bildseite. Heute befindet sich hierin das Amtsgericht.

Die Hehlentorstraße mit der Allerbrücke im Hintergrund, um 1903. Links die Einmündung zur Mühlenstraße, rechts die der Fritzenwiese.

Hehlentorstraße im Jahre 1914. Die Gebäude auf der linken Bildseite wurden 1945 für die Errichtung der Notbrücke über die Aller abgerissen.

Die Fritzenwiese im Jahre 1909. Links das 1970 abgerissene alte Waisenhaus.

Maiumzug durch die Fritzenwiese in den dreißiger Jahren.

Die alte Allerbrücke von 1895 in einer Aufnahme aus dem Jahre 1910. Damals lagen die Fußwege noch auf der Innenseite der Brücke. Sie wurde kurz vor Kriegsende 1945 vom deutschen Militär gesprengt.

Die nach ihrer Kriegszerstörung neu errichtete Allerbrücke 1952. Die Gleise der Straßenbahn liefen nunmehr mitten über die Brücke zum Depot am Berggarten.

Auf dem Gelände des alten Neumarkt entstanden ab 1945 die Gebäude der „NAAFI". Zu ihnen gehörte unter anderem der „Riverside-Club", ein beliebter Treffpunkt ausschließlich für englische Truppenangehörige.

Der Torplatz mit dem Restaurant „Zur Talsperre" in den zwanziger Jahren. Bei der Verbreiterung des Platzes wurde das Haus Mitte der sechziger Jahre abgerissen.

Der Allerklub war vor dem 1. Weltkrieg der gesellschaftliche Mittelpunkt der Stadt. Im 2. Weltkrieg beherbergte er das so wichtige Wirtschaftsamt der Stadt Celle. Heute dient er als „Haus der Jugend“.

Das Allerwehr bot in den zwanziger Jahren den Kindern der Stadt eine Spiel- und Bademöglichkeit.

Die Anlagen der Brauerei Schilling am Bremer Weg um 1903. Im Jahr 1930 wurde die Produktion eingestellt, später wurden die Gebäude dann abgerissen.

Das Elektrizitätswerk in der Hafenstraße befindet sich seit 1906 an diesem Platz. Als Energielieferant diente hier die Steinkohle, die auf Lastkähnen die Aller heraufgebracht wurde.

Speichergebäude am Hafen um 1903. Die Kähne gehörten zur „Celler Schleppschiffahrtsgesellschaft“, die seit 1898 zwischen Bremen und Celle Güter beförderte.

Der ganze Stolz des Celler Handels war um 1905 der Hafen mit Gleisanschluß. Durch ihn war es möglich, Erzeugnisse aus der Heide von der Bahn direkt zu verschiffen. Im Vordergrund rechts eine Hubbrücke der Firma Haacke, die auf Isoliermittel spezialisiert war. Im Hintergrund ist das Schloß zu erkennen.

Umladestation im Celler Hafen um 1905: Von der Eisenbahn wurden die Güter auf Lastkähne verladen. Im Hintergrund ist ein Schaufelraddampfer zu erkennen.

Sportübungen der Damenriege des Männerturnvereins (MTV) anläßlich der Einweihung des Jahnplatzes am 18. Juni 1911. Heute dient er als Schützenplatz.

VI
Aus dem Wirtschaftsleben

Die Keksfabrik von Harry Trüller an der Brückenstraße gehörte um 1910 zu den größten Betrieben ihrer Art in Deutschland.

Luftaufnahme der Fabrik um 1930. Im Vordergrund ist die Alte Grenze und die Wiesenstraße zu erkennen. Am rechten Bildrand die Fuhse, links der alte Lokomotivschuppen.

Ein Teil der Trüller-Lieferwagen auf der Stechbahn im Jahre 1952. Mit ihnen wurden im ganzen Bundesgebiet die Trüller-Erzeugnisse direkt an die Geschäfte ausgeliefert.

Seit 1896 existierten in der Sägemühlenstraße die „Celler Badehallen“. Im Sommer wurde die Fuhse als „Fluß-Schwimmanstalt für Damen und Herren“ genutzt.

Die Sägemühlenstraße um 1910. Rechts der Eingang zur Badeanstalt, links befindet sich heute die Parkpalette am Hallenbad.

Das Karstadt-Warenhaus in seiner ursprünglichen Form im Jahre 1929. Für den Neubau in den sechziger Jahren mußten weitere Häuser abgerissen werden.

Buntfarben- und chemische Fabrik in Klein-Hehlen bei Celle — Lagerhäuser — Schwarzfarben- Ruß- und Firnisfabrik in Celle

Gutschein über 100000.- Mark

Nr. 2915

Gegen diesen Gutschein zahlen wir an der Kasse der Darmstädter und Nationalbank, K. G. a. A., Celle bis zum 31. August 1923 Mk. 100000.- in Worten Hunderttausend Mark. Celle, den 13. August 1923

Chr. Hostmann-Steinberg'sche Farbenfabriken

Gesellschaft mit beschränkter Haftung.

Ein Notgeldschein der Hostmann-Steinbergschen Farbenfabriken aus dem Jahre 1923. Mit ihnen wurden die Arbeiter während der Zeit der Hochinflation bezahlt. Lange Zeit galt die Firma als die größte europäische Druckfarbenfabrik.

Werbekarte zur Eröffnung der Verkaufsstelle der „Raths-Mühle" am 5. April 1900.

Seit 1877 führte die Firma Baland & Langebartels im Rathaus die „Raths-Weinhandlung". Neben allen großen Rot- und Weißweinen konnte man dort auch Spirituosen mit so klangvollen Namen wie „Menschenfreund" oder „Seelenschwinger" erwerben.

Das Restaurant „Zum Rathskeller". Der Eingang war hier noch an der Stechbahn. Der Ratskeller in seiner heutigen Gestalt besteht seit 1939 in den ehemaligen Kellerräumen und Gewölben der Weinhandlung.

Die Räumlichkeiten des „Ratsweinkeller" um 1910.

Schloßhotel am Schloßplatz/Ecke Rundestraße um 1910. Nachdem die Städtische Sparkasse 1920 das gesamte Schloßhotel erworben hatte, eröffnete sie dort nach dem Umbau im Jahre 1921 ihre Hauptgeschäftsstelle.

In Inseraten warb um 1910 das Schloßhotel mit seinem „Vornehmen Restaurant ersten Ranges“. Dort gab es „Speisen nach der Karte zu jeder Tageszeit“ - ein Service, den man heute in Celle fast ausschließlich in Schnellrestaurants findet.

Das Gesellschaftshaus Union kurz nach seiner Erbauung im Jahre 1910. Der Eingang zum Großen Saal befand sich zu dieser Zeit noch an der Hannoverschen Straße.

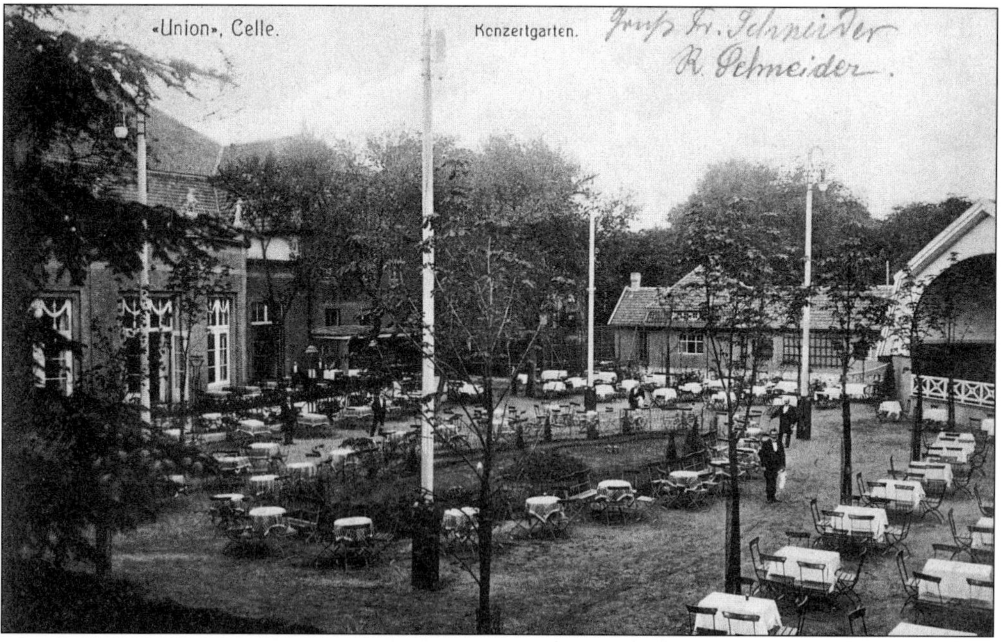

Der Konzertgarten der Union um 1910. Im Hintergrund die Kegelbahn. An dieser Stelle befindet sich heute der Erweiterungsbau der Congress Union.

Das Palais Adelebsen in der Hannoverschen Straße 56 um 1898. Seit 1971 beherbergt es das „Hotel Fürstenhof".

Das Parkhotel Sandkrug aus dem Jahre 1684 am Bullenberg 6 bot seinen Gästen als besonderen Service seit den zwanziger Jahren eigene Garagen. Darüber befand sich eine Kegelbahn. Auf der großen Terrasse trafen sich Celler und Gäste gerne zum Kaffeetrinken. Seit 1970 ist hier der katholische Kindergarten.

W. Wahlfeld bezeichnete sein Gesellschaftshaus in Inseraten um 1910 als „größtes und sehenswürdigstes Lokal der Stadt Celle“. Auch hier durfte der obligatorische Eckturm am Haus nicht fehlen.

Das „Café Kiess“ befindet sich seit 1926 in den Häusern am Großen Plan. Die Inneneinrichtung im Stil der Neuen Sachlichkeit wurde zunächst als recht spartanisch empfunden. In den leicht veränderten Räumen kann man heute noch das ursprüngliche Mobiliar sehen.

Vor dem 1. Weltkrieg galt das „Hotel Hannover" an der Ecke Poststraße/Bergstraße als die vornehmste Adresse in Celle. Zum Bau des Kaufhauses Karstadt wurde es 1927 abgebrochen. Das reich geschnitzte Treppengeländer befindet sich heute im „Hotel Fürstenhof".

Am „Celler Hof" hatte man in den zwanziger Jahren auch die Möglichkeit, vor dem Haus zu sitzen.

Der Inhaber der Gastwirtschaft „Deutscher Hof" diente als Namensgeber für die Heeringgasse zwischen Bergstraße und Südwall. Die auf der Aufnahme zu sehende Postkutsche weist auf die um 1905 bestehende Verkehrsverbindung zwischen Langlingen und Celle hin.

Das Geschäft der Firma E.A. Müller in der Hehlentorstraße 98 um 1910. Generationen von Cellern und Auswärtigen kauften hier seit 1801 Wäscheausstattungen aller Art.

Werbekarte der Gast- und Ausspannwirtschaft von Friedrich Stecher um 1935 an der Ecke Hehlentorstraße/Neumarkt.

Ein besonders idyllisches Bild bot um 1910 „Lührmann´s Restauration" im hinteren Teil der Fritzenwiese.

Die Gastwirtschaft von H. Beinsen in der Blumlage 29 betrieb in den dreißiger Jahren nebenher auch eine eigene Kornbrennerei. Auf dem oberen Foto sind deutlich die Masten der Straßenbahnoberleitung zu sehen.

Zum Restaurant „Zur Talsperre“ am Harburger Berg gehörte in den dreißiger Jahren eine der vielen kleinen Tankstellen in Celle.

Die Ausspannwirtschaft „Brauner Hirsch“ in der Straße gleichen Namens um 1900. Die Gaststätte befindet sich auch heute noch dort.

Das Gartenlokal „Berggarten“ auf dem Gelände der heutigen Hodenbergstraße um 1915. Im 1. Weltkrieg diente es, wie viele andere Gaststätten auch, als Reservelazarett.

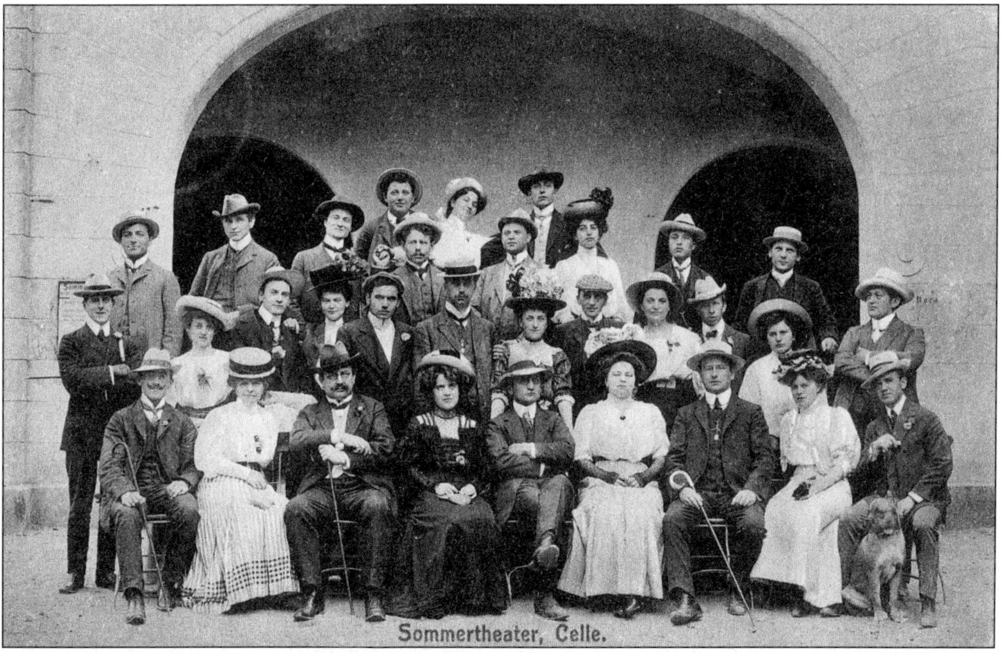

Zum „Berggarten“ gehörte das sogenannte Sommertheater, das von 1849 bis zum Beginn des 1. Weltkriegs bestand. Kulturell leichte Kost aller Art wurde hier von verschiedenen Tourneetheatern dargeboten.

Das „Etablissement Petersburg“ war einer der beliebtesten Ausflugsorte für die Celler vor dem 1. Weltkrieg.

Zur „Petersburg“ gehörten viele besondere Attraktionen, wie beispielsweise seit 1897 die erste Celler Radrennbahn. Auch ein weitläufiger Spielplatz lockte um 1910 als Ziel.

Das frühere Restaurant „Posthorn“, später „Stech“, am Bahnhof Celle-Vorstadt um 1908.

Der Neustädter Schützenhof um 1908. Er diente später in beiden Kriegen als Lazarett und brannte kurz nach Kriegsende 1945 ab.

Die Waldwirtschaft „Alter Kanal" im Neustädter Holz um 1925. Seit Jahrzehnten gilt sie besonders für Schulfeste als beliebter Treffpunkt.

Der „Schaperkrug" war um 1910 für Heidewanderer und Radfahrer ein gern besuchtes Ausflugsziel.

VII

Einmal rund herum - Die eingemeindeten Vororte

Um die Jahrhundertwende begann man, die Schönheiten der Bauernhäuser der Lüneburger Heide zu erkennen. Diese besonders typische Hofanlage in der Feldstraße in Klein Hehlen diente daher als Postkartenmotiv. Leider hat sie die Zeit nicht überstanden.

Das Gasthaus „Jarche", heute „Köddermann", in Lachtehausen um 1935.

Diese Aufnahme aus dem Jahre 1905 zeigt die heutige Gastwirtschaft „Zum Reiherpfahl" in Altenhagen.

Die Attraktion von Garssen um 1910 war neben der Ziegelei und den Hartsteinwerken der neu erbaute Bahnhof der Kleinbahn.

Ein besonderes Schauspiel bot vor dem 1. Weltkrieg ein Zeppelin am Himmel. Hier eine stimmungsvolle Aufnahme aus dem Bereich der Ziegelei in Garssen.

Mit einer Ansicht der Molkerei grüßte man im Jahre 1910 seine Lieben. Als 1927 die Zentralmolkerei Celle gegründet wurde, stellte diese ihren Betrieb ein.

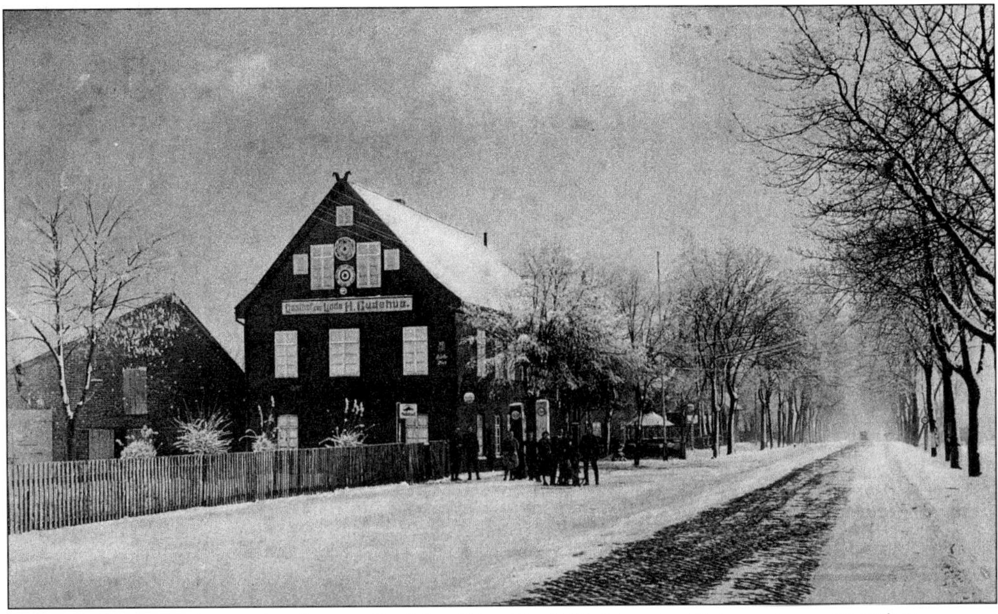

Die Reichsstraße 3 mit Gasthaus „Gudehus" in Groß Hehlen im Kriegswinter 1939/40.

Die Baracken des Kriegsgefangenenlagers in Scheuen dienten nach dem 1. Weltkrieg als Landerholungsheim der Stadt Berlin.

Auch der „Entenfang“ war um 1910 ein Ausflugslokal für die Celler Bürger. Das Hauptgebäude stammt noch aus dem 17. Jahrhundert.

Die Dorfstraße in Boye um 1940. Um diese Zeit bestand der Ort nur aus einigen Bauernhöfen. Die größeren Höfe verfügten über eigene Backhäuser, wie auch das Gebäude links im Hintergrund.

Die Gastwirtschaft „Zur grünen Eiche" um 1925. Von dort waren es nur wenige Schritte bis zur Aller. Als Vorläufer der heutigen Personenschiffahrt auf dem Fluß gab es schon damals einen kleinen Motorbootverkehr zwischen Celle und Boye.

Zwischen Boye und der Schäferei auf der gegenüberliegenden Flußseite gab es viele Jahre eine „Fährverbindung". Auf ein Läuten hin konnte man per Ruderboot übergesetzt werden.

Die Ausflugsgaststätte „Zur Schäferei" im Neustädter Holz um 1910. Der Ziehbrunnen diente der Wasserversorgung. Geblieben ist hiervon heute nur noch eine große Lichtung im Wald.

Die Restauration „Zum Bienenhaus“ in der „guten alten Zeit“ um 1910 an der späteren B 3, der Straße nach Hannover.

Das Gasthaus „Zur Börse“ in Westercelle um 1930. Auch hieran war eine Tankstelle angeschlossen. Neben dem gepflasterten Teil der heutigen B 3 ist noch der alte Sommerweg zu erkennen.

Die Außenstelle des Celler Landgestüts in Westercelle im Jahre 1910. Im Vordergrund die heutige B 3.

Seit Napoleons Zeiten findet man an der Straße nach Braunschweig in Höhe der Abzweigung nach Wienhausen den „Strohkrug“ als Ausspannwirtschaft. An der stark befahrenen B 214 ist die einstige Idylle weit vor den Toren der Stadt heute nur noch zu erahnen.

Den Abschluß unseres Rundganges bildet eine Aufnahme des „Allerkrug" in Altencelle um 1930. Zu dieser Zeit war der Motorbootverkehr auf der Aller noch erlaubt. Im Hintergrund erkennt man die alte Holzbrücke an der Straße von Altencelle nach Lachtehausen. Sie versah noch bis in die sechziger Jahre hinein ihren Dienst.